DISCOURS

DE

SON ALTESSE IMPÉRIALE

LE

PRINCE NAPOLÉON

BANQUET DE L'ISTHME DE SUEZ

PARIS

IMPRIMERIE DE L. TINTERLIN ET C°
Rue Neuve-des-Bons-Enfants, 3.

DISCOURS

DE

SON ALTESSE IMPÉRIALE

LE

PRINCE NAPOLÉON

BANQUET DE L'ISTHME DE SUEZ

11 Février 1864

PARIS

E. DENTU, LIBRAIRE-ÉDITEUR

GALERIE D'ORLÉANS, 17 ET 19, PALAIS-ROYAL

—

1864

DISCOURS

DE

SON ALTESSE IMPÉRIALE

LE

PRINCE NAPOLÉON

BANQUET DE L'ISTHME DE SUEZ

11 Février 1864

Au moment où Son Altesse Impériale se lève, une vive curiosité se manifeste, et des applaudissements éclatent dans toutes les parties de l'immense salle.

Le Prince s'exprime ainsi :

« Messieurs,

« Je propose un toast que vous porterez avec autant de plaisir, avec autant d'enthousiasme que moi : *A la Compagnie de l'isthme de Suez !* (Applaudissements.)

« Permettez-moi, Messieurs, d'entrer dans quelques développements ; je m'y crois autorisé par le caractère même de notre réunion ; je la considère presque comme une fête de famille.

« Vous venez d'obtenir votre premier et grand succès matériel : le canal d'eau douce du Nil à Suez est terminé. Ces rivages arides viennent, par l'intelligente activité des agents de la Compagnie, de recevoir l'eau qui leur manquait : c'est non-seulement un bienfait immense pour un des ports où doit aboutir le canal maritime ; mais la Compagnie y trouve un instrument indispensable pour l'achèvement de la grande œuvre qu'elle a entreprise : le canal d'eau douce est le préliminaire nécessaire du canal maritime.

« Vos ennemis ont voulu faire coïncider un échec moral avec votre succès matériel. (Oui ! oui ! c'est vrai !) C'est pour répondre à leurs attaques que nous nous réunissons ici. Pour ma part, je le déclare : j'aime ces errements, ces habitudes d'un pays libre, où l'on vient parler de ses affaires à la face de tous, au grand jour, pour les exposer devant ses ennemis comme devant ses amis, et appeler sur elles les manifestations de l'opinion publique.

« Vous m'avez fait, Messieurs... votre Comité m'a fait le grand honneur de me proposer la présidence de cette assemblée, et je l'ai acceptée avec reconnaissance. Mais permettez-moi de vous dire tout mon sentiment, car je crois qu'ici nous ne devons rien dissimuler. (Non ! non ! — Bravo !)

« Avant de visiter l'Egypte, un sentiment sympathique m'attachait à votre entreprise, j'étais bien disposé pour elle. Aujourd'hui que je l'ai vue de près, je lui suis complétement acquis. Il y a quelques mois, je suis allé en Égypte ; j'ai voulu étudier de près l'exécution de vos travaux et les apprécier par moi-même. Avant d'avoir vu, j'espérais ; maintenant, je crois. Ce qui n'était qu'un espoir est devenu une certitude. Permettez-moi de m'en féliciter avec vous. (Applaudissements.)

« Comme je crois que chacun doit parler avec une entière franchise, j'aime à dire toute ma façon de penser.

« Je ne blâme pas ceux qui, ayant des positions élevées dans l'État, prennent un intérêt dans les affaires industrielles qu'ils peuvent être appelés à juger ; je ne jette pas un blâme sur eux, mais je tiens à constater que je ne les imite pas ; ce qui, assurément, n'ôte rien aux sympathies que les affaires m'inspirent, mais me rend plus indépendant vis-à-vis de mes convictions. Je ne suis intéressé dans aucune entreprise d'aucun genre (bravo! bravo!); je ne le suis même pas dans la vôtre, qui m'est si sympathique.

« Il y a quelques années, dans l'héritage de celui qui fut mon père, et plus que mon père, mon ami, je trouvai cent actions de la Compagnie de Suez : je n'ai pas voulu les garder un seul jour. Je crus, et je m'en félicite, que dans certaines positions il faut être aussi détaché que possible de tout intérêt personnel, et que l'examen des grandes affaires ne peut qu'y gagner, non-seulement pour soi, — je ne me permets de douter de l'honorabilité de personne, — mais à cause de l'effet que cela peut produire sur l'opinion publique. (Très-bien ! très-bien !) Rappelez-vous ce mot de l'antiquité : « La femme de César ne doit pas même être soupçonnée. » (Très-bien ! très-bien !

« Je vous demande pardon de cette digression, peut-être un peu présomptueuse, sur ma position personnelle, mais j'ai cru qu'il fallait tout vous dire aujourd'hui. A présent, je ne veux causer avec vous que de la grande entreprise de Suez.

« Elle m'a toujours frappé, parce que c'était la première grande œuvre nationale, entreprise à l'étranger avec les seules forces de l'initiative individuelle, avec un dévouement, une persévérance comme on n'en avait pas encore vu, et sans aucune espèce d'attache gouvernementale; c'est là ce qui m'a surtout séduit. (Très-bien ! très-bien !) Je me plais à constater avec quelle honnêteté elle a été conduite. (Applaudissements redoublés.)

« Est-ce que je trouve mauvais qu'on cherche à s'enrichir dans les affaires? Non; mais il faut gagner sur les affaires elles-mêmes, et jamais sur ceux qui les font. (Très-bien ! très-bien !) Eh bien, c'est ce qu'il y a de profondément honnête, c'est ce qu'il y a de beau, de remarquable, c'est ce qu'il y a d'incontestable et de spécialement louable dans la grande et magnifique entreprise dont il s'agit : nous ne l'avons pas vu, depuis sept à huit ans que vous vous en occupez, donner lieu à ces fortunes scandaleuses faites en un jour, que la morale publique réprouve, et réprouve à juste titre. (Longs applaudissements.)

« Quoi qu'on en puisse dire, il faut que les capitaux se ga-
gnent par un travail sérieux, par le temps et non par des spé-
culations, trop souvent au détriment de ceux qui entrent dans
les affaires et n'ont pas l'avantage de savoir les faire eux-mêmes.
(Très-bien! très-bien!)

« Je vais vous dire aujourd'hui ce que j'ai vu par moi-même...
Je vous demande pardon, je crains d'être un peu long. (Non!
non! Parlez! parlez!)

« Eh bien, qu'est-ce que j'ai vu?... J'aime à donner avant
tout un éloge, et un éloge bien mérité, à mon ancien ami, à celui qui a été le fondateur, le propagateur, et surtout l'habile
directeur de cette grande œuvre, à mon ancien et bon ami,
M. Ferdinand de Lesseps. (Bravo! bravo! — Quelques cris :
Vive M. de Lesseps!)

« J'ai vu, en Égypte, Messieurs, ce que souffrent vos agents,
combien leur œuvre est difficile et pénible... — Ici, Messieurs,
il est très-facile de causer de l'isthme de Suez, nous sommes
bien assis dans de bons fauteuils, nous avons bien dîné, un peu
froidement peut-être (Rires), mais enfin ce n'est pas la faute de
la Compagnie, c'est la faute du temps (Nouveaux rires), mais
quand je suis allé sur les lieux, quand j'ai vu vos agents, —c'est-
à-dire nos agents, car ils ne sont pas les agents de la Compagnie
seulement, ce sont ceux de la France, ces ingénieurs du corps
impérial des Ponts-et-Chaussées, momentanément mis à votre
disposition, — quand je les ai vus diriger les travaux avec cette
habileté qui n'appartient qu'à eux, quand je les ai vus, par 40 et
45 degrés de chaleur, buvant de l'eau saumâtre, mangeant du
biscuit, couchant dans le sable brûlant; quand je les ai vus
souffrir ce qu'ils souffraient (et cela, non pas dans l'intérêt de
l'affaire, car vous les payez bien, mais vous ne les payez pas
d'une manière exagérée, sans doute ; vous faites vos affaires
convenablement), j'ai reconnu que ce qui les soutenait, c'était
cet esprit, ce sentiment qu'on rencontre toujours chez des Français, quand il s'agit d'une grande œuvre, c'était le moral qui

soutenait le physique. Ces hommes dévoués, je me plais à leur rendre ici un éclatant hommage.

« Ah ! parce qu'ils sont loin de nous, ne les oublions pas, Messieurs. (Vive sensation.) J'ai trouvé parmi eux les Voisin, les Sciama, les Laroche, les Laroze, et tant d'autres qui illustrent la France sur cette terre d'Egypte ; j'y ai trouvé non-seulement les ingénieurs, mais les contre-maîtres, mais tous ces ouvriers dévoués qui mettent tout leur cœur, tous leurs bons sentiments au service de leurs devoirs... Ah ! Messieurs, parce que vous êtes ici et que vous êtes à la tête de ces hommes, ne les oubliez pas, et qu'un souvenir de Paris, de la patrie éloignée, aille réchauffer leur cœur, bien que leur cœur n'ait pas besoin d'être réchauffé. (Sensation, vifs applaudissements.)

« Si je vous rappelle ce qui se passe en Egypte, Messieurs, c'est que la plupart d'entre vous n'y sont pas allés. Qu'ils veuillent bien me permettre de leur dire ce que j'ai vu. Je ne saurai peut-être pas vous en faire un tableau assez frappant.

« Quand j'ai vu les travailleurs égyptiens, qu'on vous représente si faussement comme maltraités par nous ; quand j'ai vu cette fourmilière d'hommes, grands, élancés, maigres, bruns de peau, sous un soleil ardent, un peu décharnés, pour la plupart très-jeunes, montant sur des buttes de sable pour creuser le canal, je me suis rappelé l'ancienne Egypte, et je lui ai comparé le présent avec orgueil, et cet orgueil, vous le partagerez. Je me disais : Cette terre d'Egypte est bien curieuse, elle est bien singulière ! Non-seulement elle conserve les monuments, mais on dirait d'un climat conservateur par excellence, conservateur des mœurs presque autant que des monuments. Eh bien ! mon âme se réjouissait, mon esprit s'agrandissait à la pensée que ce pays, qui pour le despotisme avait construit de beaux monuments, qui s'appelaient les tombeaux des rois, les Pyramides, monuments de vanité et de tyrannie autant que de grandeur ; que ce pays, aujourd'hui qu'il n'est plus gouverné par des pharaons, se livre à des travaux utiles et exécute, sous la direction des Français, le canal de l'isthme de Suez, qui sera

une des grandes œuvres de l'humanité; ce canal, qui réu-
nira l'Occident à l'Orient et rendra les peuples plus solidai-
res les uns des autres. (Très-bien! très-bien! Applaudissements.)

« Et, à cet égard, je me rappelais la prospérité de l'ancienne
Egypte. On pourrait presque calculer cette prospérité, selon le
plus ou moins d'activité avec laquelle le courant du commerce
européen, entre l'Occident et l'extrême Orient, emprunte la
route de l'Egypte. Le Caire a été une grande ville qui a tenté
l'ambition des Arabes, il y a douze cents ans, bien avant la découverte du cap de Bonne-Espérance; et, depuis quatre cents
ans, depuis la découverte de ce cap, l'Egypte a baissé, parce que
le commerce a pris le chemin de ce grand détour que vous voulez lui épargner à l'avenir. L'intérêt de l'Egypte, la prospérité
du commerce du monde consiste à reprendre la route de
l'Egypte. Tant qu'il y a passé, l'Egypte a été prospère; quand
il s'en est détourné, elle a baissé.

« J'avais donc raison de dire que votre œuvre est non-seulement une œuvre française, mais une œuvre humanitaire accomplie par le génie français. (Applaudissements.) C'est rester dans
le vrai et ne rien exagérer.

« A présent, Messieurs, permettez-moi d'entrer dans l'historique de votre affaire.

« Vous avez passé des contrats avec Saïd-Pacha, prince spirituel, un peu enthousiaste, très-irrésolu, sachant peu, mais
confiant et laissant faire quelquefois un homme qui s'y entend,
mon ami M. de Lesseps. Saïd meurt : Ismaïl monte sur le trône.
En général, les successeurs aiment peu à faire ce que faisaient
leurs prédécesseurs : c'est l'histoire du monde, ce n'est pas une
critique contre Ismaïl-Pacha.

« Je me plais à le dire ici : S. A. Ismaïl-Pacha s'est très-bien
conduit. C'est un prince instruit, capable, ordonné, plus régu-
lier et plus sage que les Orientaux en général, et qui a été élevé
à Paris. Il a commencé par régler ses dettes avec la Compagnie.
Cela est quelque chose, car il devait de 78 à 80 millions. Ses

dettes réglées, il a regardé les travaux du canal, il les a encouragés, développés.

« Pourquoi faut-il qu'à côté de ces éloges que je me plais à lui donner, tout d'un coup sa conduite ait changé? Pourquoi? Je vais le dire; j'entrerai dans tous les détails, et je prononcerai les noms propres quand ce sera nécessaire, parce que je n'ai rien à cacher. (Mouvements de curiosité.)

« Un de ses secrétaires, un homme capable, je mets un certain amour-propre à dire qu'il est capable, car nous avons été élevés ensemble pendant deux années; j'ai été très-étonné de retrouver sur les bords du Nil un de mes condisciples avec lequel j'avais travaillé et joué quand j'étais en exil en Suisse : il s'agit de Nubar-Pacha.

« Nubar et moi, nous avons été élevés dans la même pension près de Genève. Il est devenu pacha, l'ami du vice-roi, et moi, je suis devenu autre chose que vous savez (Sourires.), et nous nous sommes retrouvés, fort étonnés l'un et l'autre de nous rencontrer sur les bords du Nil.

« Le vice-roi, changeant de conduite, envoie Nubar à Constantinople. Je crois que je pourrais vous éclairer sur sa mission à Constantinople; je crois même que je pourrais vous donner beaucoup de détails. Mais je me suis imposé le devoir de ne parler que des affaires de l'isthme, des affaires qui peuvent vous intéresser directement.

« Le vice-roi a eu une idée que je ne vous dirai pas, idée louable et fort honorable que je ne blâme pas et qu'il a voulu faire triompher à Constantinople. Il a trouvé un homme intelligent pour exposer ses idées, et il l'a envoyé à Constantinople.

« Une fois là, Nubar a vu que pour obtenir quelque chose des Turcs, c'était difficile toujours, mais qu'il fallait avant tout beaucoup promettre, quelquefois donner, surtout promettre. Il n'avait pas grand'chose à donner; il pouvait beaucoup promettre; il avait l'isthme de Suez dans son sac; il promit l'isthme de Suez. (Rires et applaudissements.)

« Il a dit aux Turcs : Il y a quelque chose que je désire

beaucoup. On lui a répondu : Il y a quelque chose que nous désirons beaucoup aussi, c'est l'isthme de Suez. Ce diable d'isthme nous embarrasse tous; donnez-nous-le, et nous vous donnerons ce que vous désirez. Mais il faut se montrer méchant pour l'isthme, et on s'est entendu pour agir contre votre Compagnie et contre les intérêts français. Alors, avec cette finesse que je reconnais chez les Orientaux, ils ont bien vite apprécié la situation, et ils se sont dit : Non, la Porte n'est pas assez forte pour vaincre l'isthme ; l'Angleterre n'est pas assez forte pour vaincre l'isthme. (Non? non ! — Bravos prolongés.)

« Que faut-il faire ? Ah ! ils se souviennent alors de ce vieil adage qu'ils ont trouvé dans la politique africaine, dans les antécédents du grand homme de l'Afrique : *On ne peut vaincre Rome que dans Rome.* Ils se sont dit : On ne peut vaincre la France qu'en France, allons à Paris. (Applaudissements.)

« C'est un hommage que Nubar a rendu à la puissance de notre pays, à l'opinion publique française. Il a compris que ce n'était pas de Constantinople, que ce n'était pas d'autre part que l'on pouvait avoir de l'influence sur l'opinion publique française. Il est venu ici, que faire? Essayer de mettre le désordre parmi nous ; et c'est ici que nous le combattons. (Très-bien ! très-bien !)

« Quelles ont été, Messieurs, ses lettres de recommandation ?

« Ai-je besoin de le dire ? Ses lettres de recommandation ont été des lettres de crédit sur les banquiers anglais. (Bravo ! bravo !) Son argent de poche, de quoi se composait-il ? De livres sterling et non de napoléons d'or. (Rires et applaudissements.)

« Il arrive ici, et, mettant en œuvre cette politique orientale souvent employée et malheureusement trop souvent habituée à réussir, il cherche, il sonde, il espère triompher par des moyens que je ne qualifie pas. Je ne soulève pas certains voiles ; il est des choses que je ne veux pas croire quand il s'agit de mon pays.

« Soit ! il n'a pas réussi, ou du moins je veux le croire ; il n'a pas réussi par de mauvais moyens. Mais, venant ici pour s'éclairer auprès des maîtres du savoir et des maîtres en l'art de faire (sourires), il les consulte et puis il se dit : Les mauvais moyens ne suffisent pas pour porter le désordre dans l'opinion française, pour combattre la Compagnie ; usons des moyens qu'on m'a conseillés.

Pour agir sur ce pays-ci, il faut le séduire, lui faire illusion. Pour cela, que faut-il ? Faire appel aux idées généreuses, aux nobles sentiments ; et alors il a mis en avant le droit, qui a toujours une si grande et si légitime influence sur les idées et les cœurs français ; et puis, pour exciter les sentiments généreux et libéraux, il a parlé de l'émancipation des fellahs, de l'abolition de la corvée. (Très-bien ! très-bien !)

« Discutons ces deux points : le droit d'abord, l'abolition de la corvée ensuite, et, ainsi que je l'ai dit en commençant, déchirons les voiles pour être à notre aise. (Bravo ! bravo !)

« Ceux qui soutiennent nos ennemis, et par nos ennemis je veux désigner les ennemis de la grande œuvre que vous faites, les ennemis d'une idée française, que disent-ils ? Ils n'attaquent pas le canal... Oh ! non ! non ! le canal, ils le veulent comme nous, plus que nous !

« Seulement, ils commencent par ruiner la Compagnie ; c'est pour le bien du canal. (Rires approbatifs.) Ils commencent par ruiner la Compagnie ; ils crient contre la corvée, cette abominable corvée, comme si nous l'aimions plus qu'eux ; ils calomnient nos honorables ingénieurs, ils répandent les allégations les plus fausses, en disant que les ouvriers sont conduits au travail, à coups de bâton et avec des menottes... Ah ! ceux-là ne connaissent pas les agents français ! Ils les calomnient, et ils méconnaissent le bon sens autant que la bonne foi quand ils imputent de pareils faits à nos ingénieurs, à l'élite de cette grande École Polytechnique qui est l'orgueil de la France. (Bravo ! bravo !) Quand ils viennent les salir ainsi, en leur jetant la boue à la figure, leur audace doit être confondue, nous devons leur répondre avec chaleur et conviction. (Bravo ! bravo !)

« Poursuivons, Messieurs. Les adversaires de l'entreprise disent : Ce n'est pas l'entreprise que nous combattons ! mais c'est pour le bien de l'entreprise que nous commençons par la ruiner, par calomnier tous ses agents ; si nous voulons la rendre impossible, c'est pour qu'elle triomphe mieux. (Rires.) Ah ! ils n'ont pas même le bénéfice de l'invention, ces Messieurs, ils ont pris pour modèle une célèbre et exécrable institution dont ils suivent les traditions : ce modèle, vous le savez tous, il se nommait l'Inquisition ! Quand elle torturait, quand elle brûlait le patient, c'était pour le bien de son âme ; l'Inquisition sauvait le pécheur malgré lui, voilà ce que vos calomniateurs veulent faire. (Bravo ! bravo !)

« Je continue.

« Nubar, qui s'y connaît, a voulu faire germer et développer, dans l'esprit français, les deux sentiments sur lesquels il s'appuie, et qui ont certainement une grande valeur : le droit et l'abolition de la corvée.

« Permettez-moi d'approfondir un peu ces deux questions avec vous.

« Le droit de la Compagnie vis-à-vis de la Porte, je ne m'en occupe pas, cela ne vous regarde pas. Vous avez des traités conclus avec qui ? avec le vice-roi. Or, de choses l'une : je ne suis pas un légiste, et ma tâche devient en ce moment épineuse, surtout à côté de mon illustre et honorable collègue (le prince se tourne vers M. le procureur-général Dupin) ; mais enfin j'ai mon bon sens, je juge avec mon bon sens. Eh bien ! je me dis : s'il est quelqu'un au monde qui ne puisse invoquer le droit de la Porte contre la Compagnie, c'est le gouvernement égyptien. Qu'a-t-il fait, le gouvernement égyptien ? Il a fait des traités avec vous ; ces traités ont été exécutés par lui complétement jusqu'ici. C'est à son honneur, mais à une condition, c'est qu'il continue. (Très-bien ! très-bien !)

« Depuis huit ans, c'est lui qui fournit les travailleurs, qui les transporte, qui les surveille, qui vous donne les moyens d'exécution, qui vous aide de toutes les façons imaginables. Eh bien ! aujourd'hui, après avoir tout fait avec vous, tout, absolument tout, il vient vous dire : Je me suis trompé; ce que j'ai fait, j'ai eu tort de le faire. Vous avez dépensé 40 millions de l'argent de la France, que voulez-vous? c'est de l'argent mal dépensé; je m'arrête, et je m'arrange avec mon suzerain de manière à vous le faire perdre !

« Cette conduite, Messieurs, je ne veux pas la qualifier, car si je la qualifiais, je le ferais très-sévèrement. J'aime mieux croire qu'il y a malentendu entre les instructions que le vice-roi a données et la Compagnie. Tenir une semblable conduite serait inouï; car enfin, je le constate : s'il y a quelqu'un au monde qui ne puisse pas faire valoir le droit de la Porte, qu'il a dénié jusqu'ici, c'est le gouvernement égyptien. Ou il savait qu'il avait besoin de l'autorisation de la Porte, avant de commencer les travaux, et qu'il ne l'obtiendrait pas; alors pourquoi a-t-il laissé faire les travaux ? pourquoi vous a-t-il fait engager votre argent d'abord, l'honneur de la France ensuite, qui est plus que de l'argent (Bravo ! bravo !), car notre honneur est engagé aujourd'hui, ce serait un échec moral que je ne veux pas prévoir pour mon pays, si cette grande entreprise était abandonnée. Ou bien le gouvernement égyptien savait que ce qu'il faisait n'était pas illégal, qu'il pouvait le faire, et il a bien fait; qu'il continue. Pour bien juger examinons le fait et les théories : l'Egypte connaît Constantinople, les vice-rois connaissent la politique ottomane, ils savaient que ce qu'ils faisaient, ils avaient le droit de le faire; et, dans ces pays, rien n'est plus élastique que le droit : le droit est toujours dominé par le fait. Le vice-roi, l'ancien comme le nouveau, savaient à merveille que quand les faits sont accomplis, la Porte les accepte bien souvent, pour ne pas dire toujours, après les avoir contestés.

« A cet égard, permettez-moi une excursion sur la politique de la Porte, puisque c'est le nœud de la situation, puisque c'est derrière la Porte que l'on cherche à créer des obstacles à l'achèvement du canal. Je ne voudrais rien dire de trop méchant contre la Porte, quoiqu'on me reproche quelquefois de parler trop légèrement des gouvernements étrangers. (Rires). J'ai un patriotisme très-chaud, qui ne se laisse pas mesurer quand il s'agit de notre chère France, et peut-être ai-je le tort de me laisser entraîner à dire la vérité, quand je parle des gouvernements étrangers ; mais il ne s'agit pas de la politique, ici, nous nous occupons purement d'affaires.

« Je parlerai du gouvernement ottoman avec tous les égards qui lui sont dus. Je ne peux, je ne veux pas oublier que le sang généreux et pur des enfants de la France a coulé pour la Turquie ; mais elle ne devrait pas l'oublier non plus. (Très-bien ! très-bien !) Eh bien ! cette Turquie, qu'est-elle ? voyons. On vient nous parler du droit strict de la suzeraineté de la Porte sur l'Egypte. Mais ce droit est-il applicable ici ? Messieurs, si vous aviez besoin d'un exemple, je le prendrais ici même et je dirais : si M. de Lesseps, président de la Société du canal de Suez, n'avait pas, avec sa connaissance approfondie des hommes et des choses de l'Orient, agi comme il l'a fait ; à l'heure qu'il est, au lieu d'avoir le canal d'eau douce terminé et le canal maritime très-avancé, car il est vivement exécuté, vous auriez beaucoup de notes diplomatiques, vous auriez des monceaux de papier (On rit) ; mais rien ne se serait fait. Eh bien, je le répète : grâce à sa connaissance profonde des hommes et des choses de l'Orient, M. de Lesseps s'est dit : Il faut agir avec le droit, mais avec le droit oriental, qui n'est pas le droit français (Rires et applaudissements.) En Orient, le fait domine le droit. Si je voulais chercher une comparaison, elle s'offrirait tout naturellement à mon esprit ; je veux ménager toutes les opinions, toutes les tendances ; je vous dirai cependant que le sultan ressemble à un autre souverain temporel et spirituel que je ne veux pas nommer, pour qui la théorie est absolue, qui proteste toujours, qui ne veut jamais fléchir ; mais enfin cette politique orientale, il faut la prendre pour ce qu'elle est et pour ce qu'elle vaut : le sultan est souverain absolu ; il est, ou plutôt il se dit, souverain de droit à Tunis, à Tripoli, en Egypte, en Arabie, que sais-je ? Je ne sais pas s'il n'a pas la prétention d'avoir encore un droit quelconque sur l'Algérie (hilarité). Il est exactement comme ces gens qui protestent toujours et se disent : On ne sait pas ce qui peut arriver, nous aurons réponse à tous les arguments en réservant toujours un droit, que nous ne voulons pas abandonner.

« Maintenant, à côté du droit, il y a le fait. Je n'ai pas besoin de parler de l'Algérie, ce que j'en ai dit n'est qu'une plaisanterie. En fait, le sultan est peu souverain à Tunis, il l'est peu à Tripoli ; en Egypte, il ne l'est pas du tout ; en Arabie, si un soldat s'éloigne à deux cents pas, il reçoit des coups de fusil. La souveraineté de la Porte n'est pas trop solide chez elle-même.

« Parlerai-je des traités de 1841, qui règlent les rapports entre la Porte et l'Égypte ? Je les avais lus, ces traités ; je les ai relus avant le banquet. Qu'est-ce qu'on y trouve ? Un état de choses qui n'est pas exécuté. Il y est dit, entre autres choses, que le vice-roi d'Égypte n'a pas le droit d'infliger la peine de mort ; et on sait que, quand il veut se débarrasser de quelque sujet plus ou moins désagréable, on lui fait remonter le Nil dans une barque vers le Soudan. Il tombe dans le fleuve et on dit qu'il s'est noyé. (On rit.) Tout le monde est ainsi satisfait, les traités et le gouvernement égyptien.

« Le vice-roi n'a pas le droit de nommer un pacha : qu'est-ce qu'il fait ? il nomme un bey ; un bey est une sorte de colonel, seulement il lui donne le rang et les droits de pacha, ce qui équivaut à un général, et le droit se trouve d'accord avec le fait. (Nouveaux rires.) Je demande que pour le canal ce soit la même chose. (Très-bien ! très-bien !)

« Que la Porte proteste si cela fait du bien à sa situation politique, mais que cela ne vous empêche pas de faire le canal. Persévérez, vous avez le droit pour vous. Vous avez des traités avec le vice-roi ; on a beau vouloir les briser, la rupture d'un contrat ne dépend pas de l'une des parties seule. Exigez-en l'application, il n'y a pas de danger.

« On s'appuie sur l'Angleterre. Eh bien, parlons de l'Angleterre, quoique ce soit une question délicate et la plus désagréable à traiter, j'en conviens ; mais, cependant, en y mettant beaucoup de mesure et de franchise, je finirai par dire ce que je pense.

« D'abord, quand bien même ma franchise devrait déplaire à quelques-uns d'entre vous, je n'entends absolument rien dire contre la nation anglaise ; et je fais toujours une grande différence entre cette puissante nation qui m'attire... Oui ! que voulez-vous ? il y a un mirage qui me plaît beaucoup de l'autre côté du canal, c'est le mirage de la liberté que j'aime tant, et qui m'attire !... »

De toute part : Le mirage de la liberté ! (Applaudissements redoublés.)

« S. A. I. LE PRINCE NAPOLÉON : Oui, c'est le mirage de la liberté ! (Nouveaux applaudissements.) Je l'aime, cette liberté, je l'aime chez tous ceux qui la pratiquent.

« Mais, à côté de la nation anglaise et de l'opinion anglaise, il y a le gouvernement anglais. (Ah ! ah ! écoutons, écoutons !)

« Ne soyons pas trop sévères, même pour le gouvernement anglais. Il est défavorable à votre entreprise. Je ne dirai pas que c'est tout simple, je le désapprouve, mais je le comprends. Il ne vous attaque pas ouvertement ; il aime, dans ce cas, à se servir de moyens plus ou moins détournés. Une opposition ouverte, ne la craignez pas de lui ; il n'a jamais fait de notes diplomatiques, vous n'en trouverez pas une seule ; il a toujours mis la Porte en avant. Mon Dieu ! je lui en fais un mérite. Mais il y a une explication pour la politique anglaise.

« Savez-vous où je la trouve ? Ce n'est pas dans le *Blue-Book*, c'est dans le *Peerage*, où vous savez qu'on trouve l'âge de tous les lords d'Angleterre. Quand on ouvre le *Peerage*, et qu'on voit que les nobles lords qui sont au pouvoir ont soixante-dix, soixante-quinze, quatre-vingts ans, on comprend mieux qu'à côté de leur vieille expérience, ils aient le cœur un peu froid ; on comprend le calme de leurs sentiments pour les causes les plus généreuses. (On rit.) On s'explique que l'aristocratique

Angleterre soit venue dire à la face de l'Europe qu'elle ne donnerait ni un homme ni un shelling pour les causes les plus justes, pour l'Italie, pour la Pologne. (Bravo ! bravo ! — Applaudissements.)

« Ne croyez donc pas, Messieurs, que ce même gouvernement en vienne jamais jusqu'à l'*ultima ratio* pour combattre une cause parfaitement juste. Ne vous imaginez pas que l'Angleterre viendrait combattre contre l'isthme de Suez ! Allons donc ! ce sont là des arguments, ce ne sont pas des raisons ; cela n'est pas vrai, et c'est ici que j'aime à rappeler la distinction que je faisais tout à l'heure entre le peuple anglais et son gouvernement. Le gouvernement anglais, qui a abandonné des droits basés sur l'histoire et les traités ; le gouvernement anglais, qui aura peut-être des remords pour avoir fait défection à ces deux grandes causes que j'indiquais tout à l'heure ; le gouvernement anglais, qui a abandonné cette noble cause de la Pologne, oserait entraîner son pays dans une guerre à cause du canal de Suez ? Allons donc ! Voulez-vous que je vous dise toute ma pensée ? S'il l'osait (il ne l'osera jamais), ce n'est pas nous qui aurions à nous défendre contre lui, c'est lui qui aurait à se défendre contre le peuple anglais. Il tomberait sous son mépris, sous ses risées. (Bruyants applaudissements.) Cela n'est pas sérieux.

« Je me résume. Vous avez un droit incontestable, vous le tenez de l'Égypte ; continuez vos travaux. Vis-à-vis de la Porte, vous n'avez rien à voir, cela ne vous regarde pas ; c'est la question politique, et quand la Porte voudra faire soutenir ce qu'elle croit son droit par des actes, ce sera affaire à discuter. Quant à cet épouvantail de l'Angleterre, ne vous en préoccupez pas. Vos ennemis, vos adversaires peuvent parler de cela. Quant aux hommes du canal, ils n'ont pas à s'en préoccuper, et je défie le gouvernement de ce grand pays d'Angleterre d'entraîner la nation dans une hostilité sérieuse contre le canal. (Très-bien ! très-bien !)

« Je reprends mon historique de la mission de Nubar-Pacha. Arrivé à Paris, et se basant sur des irrégularités (je crois avoir prouvé et indiqué que ces irrégularités n'existent pas, et que, si elles existaient, il serait interdit à l'Égypte plutôt qu'à tout autre de les faire valoir), s'appuyant sur ces irrégularités, il est venu vous faire trois propositions. Il vous a proposé de faire le canal d'eau douce ; le canal d'eau douce est fait, c'est pour cela, probablement, qu'il vous a proposé de le terminer. Il vous a demandé l'abandon des terrains, moyennant indemnité. Enfin, il vous a proposé l'abolition de la corvée; l'abolition, non, je me trompe. Il vous a proposé de la réduire de vingt mille hommes à six mille hommes.

« Eh bien ! admettons, ce qui n'était pas possible, que ces propositions eussent été acceptées par vous, et jetons un coup d'œil vers l'avenir ; car l'homme d'État, et ceux qui s'occupent de ces entreprises sont des hommes d'Etat, doit songer à l'avenir ; et jamais rien de plus beau, de plus noble, de plus utile n'a été entrepris et n'a mieux mérité d'être le but d'un grand pays. Jetons un coup d'œil sur l'avenir et voyons ce qui arriverait. J'admets que les propositions de Nubar eussent pu être acceptées par vous. Il arriverait quelque chose de bien triste. D'abord, la Compagnie serait ruinée ; mais qu'à cela ne tienne ! je sais que c'est le but désiré ; passons là-dessus. Le canal se ferait-il? Non. Je suis convaincu de l'impuissance de ces pays orientaux, et je vous dis nettement, non ! le canal ne serait pas fait. Le vice-roi, que j'aime, que j'honore profondément ; de l'amitié duquel je suis fier, et auquel je conserve un bon souvenir pour l'accueil qu'il m'a fait et l'amitié qu'il m'a témoignée ; le vice-roi se croit, de bonne foi, capable de faire le canal ; il sé trompe. Tout à l'heure, je serrais la main de quelqu'un, de M. Mougel-Bey, qui a fait le barrage du Nil. Savez-vous ce que c'est que le barrage du Nil? M. Mougel a dépensé 20 millions pour le faire, c'est-à-dire pour maintenir le niveau du Nil à une hauteur variable à volonté, pour inonder les terrains environnants par un immense barrage.

« Vous savez que la fertilité de l'Égypte est en raison directe de l'eau dont on peut disposer pour irriguer les terres. Il y a dix ans qu'il est terminé, achevé complétement, sauf peu de chose, sauf des portes. Voilà tout ce qui y manque, et il faudrait pour cela dépenser 1 million, 1,500,000 francs au plus. Eh bien, ces portes, on ne les place pas, et le barrage est inutile. Le gouvernement égyptien est comme un homme qui perdrait ses pantalons parce qu'il ne sait pas y coudre un bouton (Hilarité.)

Les Orientaux en sont là, ils ne savent jamais coudre le dernier bouton. Voilà dix ans qu'ils ont dépensé 20 millions pour le barrage du Nil, et ils ne profitent pas de ses avantages : leurs terres perdent la fertilité que leur donnerait l'irrigation du fleuve ; ils perdent l'intérêt de l'argent qu'ils ont dépensé ; et tout cela pour ne pas savoir mettre des portes au barrage, pour ne pas vouloir dépenser 1 million ou 1,500,000 francs. Ne nous faisons pas illusion, voilà la puissance ou plutôt l'impuissance orientale prise sur le fait. Le vice-roi est de bonne foi, j'en suis sûr, il croit pouvoir terminer le canal ; il ne le terminerait pas, les travaux se dégraderaient, rien ne se ferait, voilà la vérité. (Très-bien ! très-bien !)

« Je me trompe, dans dix, quinze, vingt ans, quelque chose se fera, parce que, croyez-moi, dans l'époque où nous sommes, avec l'idée du progrès qui domine aujourd'hui le monde, on n'arrête pas le mouvement des esprits ; le canal de Suez sera creusé. Dans quinze ou vingt ans, lorsque le vice-roi aura montré son impuissance, il y aura là quelqu'un qui sera tout prêt, qui constituera une nouvelle Compagnie, et qui fera le canal. Savez-vous qui ce sera ? Ce sera l'influence, les capitaux et les ouvriers anglais, voilà ma prédiction. (Très-bien ! très-bien !)

« Ainsi, lorsque votre Compagnie aura été ruinée sous les auspices du gouvernement égyptien, votre héritage futur arrivera dans un temps plus ou moins éloigné à une Compagnie rivale, qui profitera de votre argent, de vos études, de tout ce que vous avez fait. Devez-vous supporter cela ? Non ! à aucun prix. (Bravos prolongés.)

« Et qu'est-ce qu'on ne vous a pas dit de ce canal, car on a essayé de tout pour l'entraver. On vous a d'abord dit, sous l'influence de ces Messieurs, qui voulaient en savoir plus que vous, qui voulaient vous donner des conseils comme ils vous en donnent aujourd'hui, que le canal était impossible, que vous ne trouveriez pas d'argent. La possibilité a été démontrée par les hommes compétents ; l'argent est venu, l'argent a été trouvé, grâce au patriotisme qui, Dieu merci ! ne fait jamais défaut en France. (Applaudissements.) Courage donc ! ne vous préoccupez pas des embarras d'un jour, et votre grande œuvre se finira ; et dans l'avenir on ne verra que votre immense succès, les difficultés de détail auront disparu, et la postérité verra, accomplie par les enfants de la France, appuyés sur leur Gouvernement, une des plus grandes et des plus glorieuses œuvres du monde. Voilà ce que vous ferez avec du courage et de la persévérance. (Applaudissements.)

« J'ai à vous parler de la corvée que j'ai signalée en commençant. La corvée ! voilà le gros canon rayé avec lequel on veut battre en brèche la Compagnie. Moi, j'ai beaucoup de préjugés libéraux, je l'avoue ; j'ai l'amour-propre de croire comprendre et aimer la liberté, c'est un des côtés de mon caractère très-libéral. Eh bien ! je vous l'avouerai franchement : je déplore la corvée plus que personne, et plus que le gouvernement égyptien lui-même, ne lui en déplaise. (Sourires.)

« Voulez-vous que je vous dise ce que c'est que la corvée ; c'est une détestable institution qui date des pharaons, qui vient de très-loin, comme vous voyez, qui est peut-être inhérente à la configuration de l'Egypte. Vous savez ce que c'est que l'Égypte : c'est un long boyau, un long canal, avec un fleuve très-riche et en même temps très-dangereux, coulant au milieu, et qui porte en même temps dans ses ondes la richesse, si on sait le contenir, la ruine, s'il déborde trop ; et il faut, à chaque instant de l'inondation, avoir une motte de terre à la main pour arrêter l'eau.

« Cette constitution physique du pays a certainement exercé

une grande influence sur sa constitution morale : de là l'origine de la corvée.

« Moi, avec mes sentiments d'enfant de 89 avec mes aspirations de liberté, de travail libre, je ne veux la corvée à aucun prix ; je me sentais gêné, je l'avoue, par cette espèce d'argument qui était mise en avant par le gouvernement égyptien : d'une Compagnie française n'ayant pas fait naître la corvée, mais en profitant. Cela me tourmentait ; cela pesait sur ma conscience et mon esprit : je me retournais de tous les côtés pour voir comment je me débarrasserais de ce poids.

« Rappelez-vous que la corvée, la Compagnie l'a trouvée, elle l'a un peu améliorée, je tiens à le constater ; car, jusqu'à présent, ces malheureux ouvriers n'étaient pas payés du tout. On vous dit que vous les payez peu ; mais, avant la Compagnie, on ne les payait pas du tout, si ce n'est à coups de bâton et en mauvais traitements. C'est ainsi, Messieurs, on ne peut le nier, que les choses se sont passées en Egypte lors de la construction du chemin de fer d'Alexandrie au Caire, et du Caire à Suez surtout. Mais j'avais oublié quelque chose qui me vient à l'esprit, permettez-moi de le dire, c'est qu'au point de vue du droit, et je suis bien informé, le gouvernement égyptien a demandé et obtenu, je ne dis pas un firman, mais une lettre vizirielle pour le chemin de fer d'Alexandrie au Caire.

« Quant à celui du Caire à Suez, il n'y a eu ni firman, ni lettre vizirielle, ni autorisation même après l'achèvement des travaux. Ainsi, cette mise en demeure de la Porte se trouve combattue par les antécédents du gouvernement égyptien, qui a fait exécuter ce chemin par une Compagnie anglaise sans autorisation de la Porte. Ceux qui l'ont exécuté devraient se rappeler quelles sont les horreurs dont ces travaux ont été la cause ; ils n'étaient pas dirigés par des Français et par un esprit humanitaire et bienfaisant. Qu'ils se souviennent et qu'ils comptent, s'ils l'osent, les cadavres qui encombraient le chemin du Caire à Suez, un jour que l'eau a manqué aux travailleurs !

Ah ! ce n'étaient pas des Français qui dirigeaient ces corvées !

(non ! non !) qu'ils comparent ces corvées conduites avec inhu—
manité, avec brutalité, qu'ils les comparent avec celles que con—
duisent les ingénieurs français. Qu'ils interrogent les fellahs, et
les fellahs répondront que jamais ils n'ont été mieux traités, ni
avec plus de bienveillance qu'aujourd'hui.

« Ceci est bien constaté. Que la Compagnie de l'isthme de
Suez ait profité de ce que j'appelle hautement un mal, car je
n'en veux pas de la corvée, c'est vrai. (Bruyants applaudisse—
ments.) Elle en a profité en rendant supportable ce qui, avant
elle, était bien plus mauvais, détestable, intolérable.

« Eh bien, si les propositions qu'on vous a faites avaient été
acceptées, croyez-vous que la corvée serait abolie? Non, Mes—
sieurs. Je m'expliquerai franchement, comme j'ai promis de le
faire ; c'est chose souvent dangereuse pour un homme qui parle
en public, d'oser prédire l'avenir qui peut lui donner un dé—
menti ; mais je suis si convaincu, que j'aime à vous ouvrir tout
mon cœur. (Bravo ! bravo !) Non, la corvée ne sera pas abolie
en Egypte ; elle ne le sera pas de sitôt. On ne vous donnera plus
vingt mille travailleurs, on vous en donnera six mille, et puis
ces six mille on vous les supprimera.

« Croyez-vous que la corvée sera abolie pour cela en Egypte?
Point du tout, Messieurs, elle sera abolie pour la Compagnie ;
mais elle ne le sera pas pour les terres à coton et à sucre du
vice-roi et de Messieurs les gros pachas. (Applaudissements.)
Elle ne sera pas abolie, elle sera maintenue pour les malheu—
reux fellahs forcés d'aller cultiver le coton et le sucre. Ne vous
laissez donc pas séduire par des mots, par des grimaces. Ce sont
de mauvaises plaisanteries. On abolira la corvée pour le canal,
on ne l'abolira pas en Egypte; on la conservera et on la conser—
vera soigneusement au profit de Messieurs les pachas. (Très-
bien ! très-bien !)

« Messieurs, ce que je trouve très-mauvais, car je suis de mon
temps, et si je suis sans intérêt personnel dans votre affaire, je
prends grand intérêt à la question de politique et d'humanité, ce
que je trouve très-mauvais et ce qui arrivera, c'est ceci : on

abolira la corvée pour vous, on ne l'abolira pas en Égypte. (Très-bien ! très-bien !)

« Cependant, en cherchant bien, le remède est près du mal. Je me suis demandé : N'est-il pas possible d'abolir cette fâcheuse institution de la corvée pour le canal? Et alors, recherchant les exemples qui ressemblent à cette vilaine institution, je me suis rappelé le fait bien plus mauvais, bien plus détestable, bien plus exécrable, de l'esclavage ; je me suis demandé comment avaient fait les peuples qui avaient voulu abolir l'esclavage, et je me suis rappelé l'exemple de notre Convention, de l'Angleterre, de la seconde république de 1848, qui a eu le grand, l'insigne honneur d'abolir l'esclavage. Je me suis demandé : Comment ont-ils fait, ces grands pouvoirs qu'on n'accusera pas d'être réactionnaires? Comment ont-ils aboli l'esclavage? Ils l'ont aboli moyennant indemnité, c'est-à-dire en respectant, jusqu'à un certain point, le droit exagéré de la propriété humaine.

« Je veux vous raconter une anecdote : je me souviens que, dans une réunion, lors de l'agitation anglaise pour l'abolition de l'esclavage, je me souviens d'un argument qui m'est resté dans la mémoire. Un orateur, avec des paroles plus éloquentes assurément que celles que j'ose prononcer devant vous, disait, au sujet du rachat des esclaves : « Oui, l'indemnité pour les « esclaves doit être comme une amende que la société doit s'in- « fliger à elle-même, pour avoir si longtemps permis l'esclavage, « cette mauvaise, cette détestable institution : ce n'est pas un « rachat, c'est une amende qu'elle se doit à elle-même de payer, « et qu'elle doit remettre entre les mains des propriétaires « d'esclaves. »

« La corvée est une institution bien moins odieuse ; elle vous blesse cependant ; elle me blesse plus que vous : faisons-en justice, et voici ma solution. Si le gouvernement égyptien est si patriotique, si amoureux du progrès, ah ! je ne demande pas mieux, il va au devant de mes vœux les plus ardents, qu'il soit béni ! je l'admire et je le remercie. (Bravo! bravo!) Votre Compagnie a des traités avec le gouvernement égyptien, basés sur des devis qui établissent le chiffre des dépenses qu'elle avait à faire. Le mètre cube revient à tant, à la condition qu'on fournisse une corvée de vingt mille individus. Le mètre cube, si je ne me trompe, revient, l'un dans l'autre, à 70 ou 80 centimes. Eh bien ! si le vice-roi veut revenir sur ces traités, rien de plus facile, il n'a qu'à faire la différence entre le prix du mètre cube fait par les corvées et le mètre cube fait par des travailleurs libres ou des machines. Je crois que le travail libre coûte à peu près le double ; eh bien, il n'y a qu'à demander au vice-roi la différence entre le mètre cube exécuté par la corvée et le mètre cube exécuté par le travail libre ; car enfin, la Compagnie ne doit pas payer les frais de l'émancipation en Egypte, quelque louable qu'elle soit.

« La Compagnie peut dire au vice-roi : La corvée existait chez vous, ce n'est pas moi qui l'ai créée, j'en ai profité parce que tel a été votre bon plaisir. Vous me demandez de l'abandonner, je le veux bien ; mais je ne suis pas obligée de faire de la philanthropie en Egypte à mes frais. Que l'Egypte ne cherche pas à faire de l'humanité sur le dos de la Compagnie. Nous, patriotes français, payons notre gloire ; mais payer la gloire et la philanthropie musulmanes, ce serait folie, insanité d'esprit. Si votre Conseil avait accepté cette condition sans compensation, il mériterait, Messieurs, d'être conduit aux Petites-Maisons ou en police correctionnelle. (Très-bien ! très-bien !)

« Que le vice-roi d'Egypte vienne vous demander un acte de patriotisme, qu'il vienne vous demander, à vous, d'émanciper ses fellahs ! Non, cela n'est pas possible, cela n'est pas raisonnable, cela ne soutient pas l'examen ; il n'y a pas un homme sérieux, pas un homme de bonne foi qui puisse le demander.

« Ce que doit faire la Compagnie, ce qu'elle fera, c'est de se montrer conciliante, parce qu'après tout, la politique, c'est souvent l'art de concilier les principes avec les intérêts.

Assurément, vous pouvez vous retrancher derrière vos contrats authentiques avec le gouvernement égyptien ; mais, y a-t-

il pour vous un bien grand avantage? Après avoir constaté,
avec toute la conviction dont je suis capable, vos droits, la
bonne direction que vous avez imprimée à vos travaux, l'excellente conduite que vous avez tenue jusqu'à présent; eh bien !
je vous dirai (de ma part rien ne vous sera suspect, c'est un
ami désintéressé, dévoué, qui vous parle), je vous dirai : Soyez
conciliants. Oui, il le faut, il le faut dans l'intérêt de tout le
monde, il le faut dans l'intérêt de l'Égypte, qui est liée vis-à-
vis de vous, et qui ne peut rien faire sans vous. Il le faut dans
l'intérêt de la Compagnie, car la Compagnie doit être appuyée
par le vice-roi ; elle a tout à gagner à la conciliation. Les
efforts réunis du vice-roi et de la Compagnie ne sont pas de
trop, croyez-moi. Pour cette œuvre du canal de Suez, n'aban-
donnez aucune de vos forces, si vous voulez réussir ; mais soyez
conciliants et adoptez ce que je considère comme juste, comme
faisable. Faites disparaître cette corvée qui est mon cauchemar.
Un exemple se présente à mon esprit, je le trouve en Égypte
même : il est d'hier. Un bassin se creuse à Suez par les Messageries Impériales. Je ne serai pas démenti par l'ancien directeur des Messageries, aujourd'hui ministre des travaux publics,
l'honorable M. Béhic. Ce travail devait être fait, moyennant
une corvée fournie par le gouvernement égyptien. Le traité est
conclu. Et puis, le gouvernement égyptien trouva qu'il lui coû-
tait plus cher d'envoyer ses travailleurs, et qu'il aurait beaucoup plus d'avantages à les garder, qu'il trouverait mieux son
compte à ce que le bassin fût creusé par le travail libre que par
le travail forcé, parce que, depuis le traité avec les Messageries,
il s'était passé de l'autre côté de l'Océan de grands événements
qui avaient changé la condition agricole de l'Égypte. Le coton,
autrefois très-bon marché, était très-cher; il y avait de gros
bénéfices pour l'Égypte à le cultiver depuis qu'elle ne craignait
plus la concurrence américaine. Le vice-roi, qui est très-intelli-
gent et bon calculateur, s'est dit : « Je fournis aux Messageries
Impériales des travailleurs de la corvée, c'est une erreur; j'au-
rais bien plus d'avantage à garder ces hommes sur mes terres à

coton et à sucre. » Et il a proposé à M. Béhic de ne plus lui
fournir des ouvriers par la corvée, en parlant aussi de l'humanité qui s'y opposait. L'humanité ! ah ! c'est une si belle chose,
même pour les Orientaux. (Rires.) M. Béhic lui a répondu :
« Vous avez raison, l'humanité est une excellente chose ; mais
« calculons ce que, pour vous, coûtera votre humanité ? » Et
le gouvernement égyptien, après avoir beaucoup compté, beaucoup calculé, après avoir fumé beaucoup de pipes et pris beaucoup de café, finit par s'exécuter et par payer, si je ne me trompe,
trois millions et quelques cent mille francs à la Compaguie des
Messageries, afin de remplacer, pour le creusement du bassin
de Suez, la corvée à laquelle il était engagé par le travail libre.

« Eh bien, qu'il fasse de même pour la Compagnie de Suez.
(Bravo ! bravo !)

« Je reprends la discussion des autres points.

« Le canal d'eau douce est fait, personne ne peut conseiller
à la Compagnie de le céder ; elle en a besoin pour achever le
canal maritime ; elle en a besoin pour transporter les pierres
de la carrière de Gebel-Geneffé ; il n'y a donc pas à s'occuper
de la cession du canal d'eau douce.

« Le gouvernement égyptien veut rentrer dans les concessions
de terres qu'il vous a faites? Mon Dieu! pourquoi vous y
refuser ? C'est un compte à faire entre vous et lui. Cette question
a une certaine gravité, et je vous demande la permission de
m'y arrêter.

« Chez nous, à Paris surtout, on ne respecte peut-être pas
toujours assez la propriété particulière. Il y a ce qu'on appelle
l'expropriation pour cause d'utilité publique, qui permet de
vous dépouiller, à prix d'argent, et vous savez si on en use
(Rires); cela coûte beaucoup d'argent, mais cela peut se faire,
c'est légal.

« Les Orientaux ne savent pas ce que c'est que l'expropriation : ils y viendront peut-être ; je le leur souhaite moins
que pour beaucoup d'autres choses. (Sourires.) Je ne leur en
fais pas mon compliment.

« La base de toute expropriation, c'est la valeur. Si l'on veut vous déposséder de vos terres, il faudra bien qu'on vous indemnise, qu'on vous en donne le prix.

« Je crois qu'il est impossible d'apprécier aujourd'hui la valeur des terrains dont vous êtes concessionnaires. Vous êtes concessionnaires de toutes les terres que vous pouvez arroser et fertiliser avec le canal d'eau douce.

« Toutes les fois qu'il y a de l'eau en Égypte, il y a de la fertilité, et toutes les terres que vous pouvez arroser vous appartiennent à perpétuité d'après le droit musulman. Aujourd'hui, on ne peut pas vous dire elles valent tant, abandonnez-nous-les pour tel prix, parce qu'aujourd'hui ces terres ne valent rien. Telle une terre, stérile et improductive avant qu'un canal ou un chemin de fer soit fait, devient, par l'établissement de ce chemin de fer ou de ce canal, fertile et productive, et acquiert ainsi une valeur qui était inappréciable auparavant. Leur valeur ne peut donc pas être appréciée aujourd'hui, cela est incontestable. Mais il y a un moyen de s'entendre. Pourquoi n'admettriez-vous pas, comme base future, le rachat après l'achèvement des travaux? Pourquoi ne diriez-vous pas : dans deux ans, dans trois ans, certains lots de terrains seront successivement rachetés par le vice-roi, selon la valeur qui leur aura alors été reconnue par une estimation loyale et réciproque? Vous saurez alors ce que vous vendrez. Mais si vous vendiez aujourd'hui ces terrains, dont la valeur n'est pas appréciée et n'est pas appréciable, ce serait ruine ou folie; ou vous vendriez pour rien, en faisant payer la valeur actuelle, ou vous devriez demander un prix exagéré quant à présent. Il faut donc attendre que vous sachiez ce que valent vos terres pour les vendre.

« Aujourd'hui, faites un arrangement pour vendre par rachat, à l'amiable, successivement et partiellement vos terrains ; n'agissez pas autrement.

« Si l'on pouvait arriver à une conciliation encore pour les terrains, il me semble que la plus grande partie des difficultés du percement de l'isthme serait résolue.

« Pour obtenir ce résultat, quelle est la seule marche à suivre ? Une marche toute simple : appelez la lumière et la discussion sur vos affaires ; elles ne peuvent qu'y gagner. Toutes les fois qu'on discutera franchement, loyalement, vous en sortirez victorieux. Vous n'avez à craindre que l'obscurité et les ténèbres ; ne vous y laissez pas surprendre. Les ténèbres sont contre vous, la lumière est en votre faveur. (Bravo ! bravo !)

« Eh bien ! discutez, et n'oubliez pas que vous êtes les défenseurs obligés, nécessaires, de vos actionnaires ; discutez dans leur intérêt et dans l'intérêt de l'honneur de la France, que vous représentez dans cette affaire. Si vous suivez cette voie ferme et conciliante, tâchez de vous entendre d'abord directement avec le vice-roi ; et si tout échoue, s'il vous demande ce que vous ne devez et ne pouvez pas céder ; s'il veut vous opprimer sous la menace de la Porte, alors adressez-vous au gouvernement de l'Empereur. Il faut que tout cela passe par la voie régulière et officielle du ministère des affaires étrangères, et non par ceux qui sont étrangers à vos affaires. Agissez en plein soleil. Qu'est-ce que c'est que ces arbitres, que ces avis, que ces interventions dont on fait tant de bruit ? Je n'en sais rien et je n'en veux rien savoir. Ne vous occupez pas de cela, tout ce qui ne se fait pas au grand jour officiel, tout ce qui affecte l'ombre est mauvais. (Bruyants applaudissements.)

« Encore une fois, vous n'avez rien à craindre, marchez en avant, marchez au grand jour de l'opinion publique. Exposez, développez vos idées, vos projets, ne cachez rien ; mais marchez régulièrement, honnêtement, comme vous l'avez toujours fait.

« Permettez-moi de déclarer, en terminant ce trop long discours, que vous ne devez attribuer aucune attache officielle à ce que je viens de vous dire. Si j'ai un défaut, je l'ai, et il me sera difficile de m'en corriger, c'est celui d'une extrême franchise. Tout ce que je vous ai dit, c'est mon opinion individuelle, personnelle ; elle n'engage que moi seul. Cependant, je suis tellement convaincu de la bonté de la cause que je viens de défendre, de la justesse des idées que je viens d'émettre, que si l'opinion publique les adopte, j'aime à espérer que le gouvernement les approuvera aussi. J'ai confiance dans le gouvernement de l'Empereur, protecteur naturel des droits des citoyens français à l'étranger. »

Ces paroles, comme tout le discours, sont couvertes de longs applaudissements, qui ne s'arrêtent que pour recommencer dans toutes les parties de la salle.

FIN.